Dziennik ogrodniczy

To należy do:

Dziennik ogrodniczy to niesamowity sposób na śledzenie swoich celów ogrodniczych dla początkujących i doświadczonych ogrodników.

Dziennik ogrodniczy

Nazwa	Lokalizacja

Dostawca	Cena

Klasa naukowa

Rośliny	○	Owoce
Ziele	○	Kwiatek
Krzew	○	Drzewo
Roczne	○	Dwuletni
Bylina	○	Sadzonka

Data

Kiełkujące

Zasadzone

Zebrane

Poziom światła

Słońce

Częściowe słońce

Odcień

Inne

Rozpoczęte od

Nasiona

Zakład

Ocena

Rozmiar	○○○○○
Kolor	○○○○○
Smak	○○○○○

Nawozy
i urządzenia

Zapotrzebowanie
na wodę

0%
mniej

Instrukcja
pielęgnacji

Instrukcja sadzenia

Uwagi dodatkowe

Dziennik ogrodniczy

Nazwa	Lokalizacja

Dostawca	Cena

Klasa naukowa

Rośliny	○	Owoce
Ziele	○	Kwiatek
Krzew	○	Drzewo
Roczne	○	Dwuletni
Bylina	○	Sadzonka

Data

Kiełkujące

Zasadzone

Zebrane

Poziom światła

Słońce

Częściowe słońce

Odcień

Inne

Rozpoczęte od

Nasiona

Zakład

Ocena

Rozmiar	○○○○○
Kolor	○○○○○
Smak	○○○○○

Nawozy
i urządzenia

Zapotrzebowanie
na wodę

0%
mniej

Instrukcja
pielęgnacji

Instrukcja sadzenia

Uwagi dodatkowe

Dziennik ogrodniczy

Nazwa	Lokalizacja
Dostawca	Cena

Klasa naukowa

Rośliny	○	Owoce
Ziele	○	Kwiatek
Krzew	○	Drzewo
Roczne	○	Dwuletni
Bylina	○	Sadzonka

Data

Kiełkujące

Zasadzone

Zebrane

Poziom światła

Słońce

Częściowe słońce

Odcień

Inne

Rozpoczęte od

Nasiona

Zakład

Ocena

Rozmiar	○○○○○
Kolor	○○○○○
Smak	○○○○○

Nawozy
i urządzenia

Zapotrzebowanie
na wodę

0%
mniej

Instrukcja
pielęgnacji

Instrukcja sadzenia

Uwagi dodatkowe

Dziennik ogrodniczy

Nazwa

Lokalizacja

Dostawca

Cena

Klasa naukowa

Rośliny	○	Owoce
Ziele	○	Kwiatek
Krzew	○	Drzewo
Roczne	○	Dwuletni
Bylina	○	Sadzonka

Data

Kiełkujące

Zasadzone

Zebrane

Poziom światła

Słońce

Częściowe słońce

Odcień

Inne

Rozpoczęte od

Nasiona

Zakład

Ocena

Rozmiar ○○○○○

Kolor ○○○○○

Smak ○○○○○

Nawozy
i urządzenia

Zapotrzebowanie
na wodę

0%
mniej

Instrukcja
pielęgnacji

Instrukcja sadzenia

Uwagi dodatkowe

Dziennik ogrodniczy

Nazwa

Lokalizacja

Dostawca

Cena

Klasa naukowa

Rośliny	○	Owoce
Ziele	○	Kwiatek
Krzew	○	Drzewo
Roczne	○	Dwuletni
Bylina	○	Sadzonka

Data

Kiełkujące

Zasadzone

Zebrane

Poziom światła

Słońce

Częściowe słońce

Odcień

Inne

Rozpoczęte od

Nasiona

Zakład

Ocena

Rozmiar	○○○○○
Kolor	○○○○○
Smak	○○○○○

Nawozy
i urządzenia

Zapotrzebowanie
na wodę

0%
mniej

Instrukcja
pielęgnacji

Instrukcja sadzenia

Uwagi dodatkowe

Dziennik ogrodniczy

Nazwa

Lokalizacja

Dostawca

Cena

Klasa naukowa

Rośliny	○	Owoce
Ziele	○	Kwiatek
Krzew	○	Drzewo
Roczne	○	Dwuletni
Bylina	○	Sadzonka

Data

Kiełkujące

Zasadzone

Zebrane

Poziom światła

Słońce

Częściowe słońce

Odcień

Inne

Rozpoczęte od

Nasiona

Zakład

Ocena

Rozmiar	○○○○○
Kolor	○○○○○
Smak	○○○○○

Nawozy i urządzenia

Zapotrzebowanie na wodę

0%
mniej

Instrukcja pielęgnacji

Instrukcja sadzenia

Uwagi dodatkowe

Dziennik ogrodniczy

Nazwa

Lokalizacja

Dostawca

Cena

Klasa naukowa

Rośliny	○	Owoce
Ziele	○	Kwiatek
Krzew	○	Drzewo
Roczne	○	Dwuletni
Bylina	○	Sadzonka

Data

Kiełkujące

Zasadzone

Zebrane

Poziom światła

Słońce

Częściowe słońce

Odcień

Inne

Rozpoczęte od

Nasiona

Zakład

Ocena

Rozmiar	○○○○○
Kolor	○○○○○
Smak	○○○○○

Nawozy
i urządzenia

Zapotrzebowanie
na wodę

0%
mniej

Instrukcja
pielęgnacji

Instrukcja sadzenia

Uwagi dodatkowe

Dziennik ogrodniczy

Nazwa

Lokalizacja

Dostawca

Cena

Klasa naukowa

Rośliny	○	Owoce
Ziele	○	Kwiatek
Krzew	○	Drzewo
Roczne	○	Dwuletni
Bylina	○	Sadzonka

Data

Kiełkujące

Zasadzone

Zebrane

Poziom światła

Słońce

Częściowe słońce

Odcień

Inne

Rozpoczęte od

Nasiona

Zakład

Ocena

Rozmiar	○○○○○
Kolor	○○○○○
Smak	○○○○○

Nawozy
i urządzenia

Zapotrzebowanie
na wodę

0%
mniej

Instrukcja
pielęgnacji

Instrukcja sadzenia

Uwagi dodatkowe

Dziennik ogrodniczy

Nazwa

Lokalizacja

Dostawca

Cena

Klasa naukowa

Rośliny	○	Owoce
Ziele	○	Kwiatek
Krzew	○	Drzewo
Roczne	○	Dwuletni
Bylina	○	Sadzonka

Data

Kiełkujące

Zasadzone

Zebrane

Poziom światła

Słońce

Częściowe słońce

Odcień

Inne

Rozpoczęte od

Nasiona

Zakład

Ocena

Rozmiar	○○○○○
Kolor	○○○○○
Smak	○○○○○

Nawozy
i urządzenia

Zapotrzebowanie
na wodę

0%
mniej

Instrukcja
pielęgnacji

Instrukcja sadzenia

Uwagi dodatkowe

Dziennik ogrodniczy

Nazwa		Lokalizacja
Dostawca		**Cena**

Klasa naukowa

Rośliny	○	Owoce
Ziele	○	Kwiatek
Krzew	○	Drzewo
Roczne	○	Dwuletni
Bylina	○	Sadzonka

Data

Kiełkujące

Zasadzone

Zebrane

Poziom światła

Słońce

Częściowe słońce

Odcień

Inne

Rozpoczęte od

Nasiona

Zakład

Ocena

Rozmiar	○○○○○
Kolor	○○○○○
Smak	○○○○○

Nawozy
i urządzenia

Zapotrzebowanie
na wodę

0%
mniej

Instrukcja
pielęgnacji

Instrukcja sadzenia

Uwagi dodatkowe

Dziennik ogrodniczy

Nazwa

Lokalizacja

Dostawca

Cena

Klasa naukowa

Rośliny	○	Owoce
Ziele	○	Kwiatek
Krzew	○	Drzewo
Roczne	○	Dwuletni
Bylina	○	Sadzonka

Data

Kiełkujące

Zasadzone

Zebrane

Poziom światła

Słońce

Częściowe słońce

Odcień

Inne

Rozpoczęte od

Nasiona

Zakład

Ocena

Rozmiar ○○○○○

Kolor ○○○○○

Smak ○○○○○

Nawozy i urządzenia

Zapotrzebowanie na wodę

0%
mniej

Instrukcja pielęgnacji

Instrukcja sadzenia

Uwagi dodatkowe

Dziennik ogrodniczy

Nazwa	Lokalizacja
Dostawca	Cena

Klasa naukowa

Rośliny	○	Owoce
Ziele	○	Kwiatek
Krzew	○	Drzewo
Roczne	○	Dwuletni
Bylina	○	Sadzonka

Data

Kiełkujące

Zasadzone

Zebrane

Poziom światła

Słońce

Częściowe słońce

Odcień

Inne

Rozpoczęte od

Nasiona

Zakład

Ocena

Rozmiar ○○○○○

Kolor ○○○○○

Smak ○○○○○

Nawozy
i urządzenia

Zapotrzebowanie
na wodę

0%
mniej

Instrukcja
pielęgnacji

Instrukcja sadzenia

Uwagi dodatkowe

Dziennik ogrodniczy

Nazwa	Lokalizacja

Dostawca	Cena

Klasa naukowa

Rośliny	○	Owoce
Ziele	○	Kwiatek
Krzew	○	Drzewo
Roczne	○	Dwuletni
Bylina	○	Sadzonka

Data

Kiełkujące

Zasadzone

Zebrane

Poziom światła

Słońce

Częściowe słońce

Odcień

Inne

Rozpoczęte od

Nasiona

Zakład

Ocena

Rozmiar	○○○○○
Kolor	○○○○○
Smak	○○○○○

Nawozy i urządzenia

Zapotrzebowanie na wodę

0% mniej

Instrukcja pielęgnacji

Instrukcja sadzenia

Uwagi dodatkowe

Dziennik ogrodniczy

Nazwa		Lokalizacja
Dostawca		Cena

Klasa naukowa

Rośliny	○	Owoce
Ziele	○	Kwiatek
Krzew	○	Drzewo
Roczne	○	Dwuletni
Bylina	○	Sadzonka

Data

Kiełkujące

Zasadzone

Zebrane

Poziom światła

Słońce

Częściowe słońce

Odcień

Inne

Rozpoczęte od

Nasiona

Zakład

Ocena

Rozmiar	○○○○○
Kolor	○○○○○
Smak	○○○○○

Nawozy
i urządzenia

Zapotrzebowanie
na wodę

0%
mniej

Instrukcja
pielęgnacji

Instrukcja sadzenia

Uwagi dodatkowe

Dziennik ogrodniczy

Nazwa

Lokalizacja

Dostawca

Cena

Klasa naukowa

Rośliny	○	Owoce
Ziele	○	Kwiatek
Krzew	○	Drzewo
Roczne	○	Dwuletni
Bylina	○	Sadzonka

Data

Kiełkujące

Zasadzone

Zebrane

Poziom światła

Słońce

Częściowe słońce

Odcień

Inne

Rozpoczęte od

Nasiona

Zakład

Ocena

Rozmiar ○○○○○

Kolor ○○○○○

Smak ○○○○○

Nawozy
i urządzenia

Zapotrzebowanie
na wodę

0%
mniej

Instrukcja
pielęgnacji

Instrukcja sadzenia

Uwagi dodatkowe

Dziennik ogrodniczy

| Nazwa | Lokalizacja |
| Dostawca | Cena |

Klasa naukowa

Rośliny	○	Owoce
Ziele	○	Kwiatek
Krzew	○	Drzewo
Roczne	○	Dwuletni
Bylina	○	Sadzonka

Data

Kiełkujące

Zasadzone

Zebrane

Poziom światła

Słońce

Częściowe słońce

Odcień

Inne

Rozpoczęte od

Nasiona

Zakład

Ocena

Rozmiar	○○○○○
Kolor	○○○○○
Smak	○○○○○

Nawozy i urządzenia

Zapotrzebowanie na wodę

0%
mniej

Instrukcja pielęgnacji

Instrukcja sadzenia

Uwagi dodatkowe

Dziennik ogrodniczy

Nazwa

Lokalizacja

Dostawca

Cena

Klasa naukowa

Rośliny	○	Owoce
Ziele	○	Kwiatek
Krzew	○	Drzewo
Roczne	○	Dwuletni
Bylina	○	Sadzonka

Data

Kiełkujące

Zasadzone

Zebrane

Poziom światła

Słońce

Częściowe słońce

Odcień

Inne

Rozpoczęte od

Nasiona

Zakład

Ocena

Rozmiar	○○○○○
Kolor	○○○○○
Smak	○○○○○

Nawozy
i urządzenia

Zapotrzebowanie
na wodę

0%
mniej

Instrukcja
pielęgnacji

Instrukcja sadzenia

Uwagi dodatkowe

Dziennik ogrodniczy

Nazwa

Lokalizacja

Dostawca

Cena

Klasa naukowa

Rośliny	○	Owoce
Ziele	○	Kwiatek
Krzew	○	Drzewo
Roczne	○	Dwuletni
Bylina	○	Sadzonka

Data

Kiełkujące

Zasadzone

Zebrane

Poziom światła

Słońce

Częściowe słońce

Odcień

Inne

Rozpoczęte od

Nasiona

Zakład

Ocena

Rozmiar ○○○○○

Kolor ○○○○○

Smak ○○○○○

Nawozy i urządzenia

Zapotrzebowanie na wodę

0%
mniej

Instrukcja pielęgnacji

Instrukcja sadzenia

Uwagi dodatkowe

Dziennik ogrodniczy

Nazwa

Lokalizacja

Dostawca

Cena

Klasa naukowa

Rośliny	○	Owoce
Ziele	○	Kwiatek
Krzew	○	Drzewo
Roczne	○	Dwuletni
Bylina	○	Sadzonka

Data

Kiełkujące

Zasadzone

Zebrane

Poziom światła

Słońce

Częściowe słońce

Odcień

Inne

Rozpoczęte od

Nasiona

Zakład

Ocena

Rozmiar ○○○○○

Kolor ○○○○○

Smak ○○○○○

Nawozy
i urządzenia

Zapotrzebowanie
na wodę

0%
mniej

Instrukcja
pielęgnacji

Instrukcja sadzenia

Uwagi dodatkowe

Dziennik ogrodniczy

Nazwa

Lokalizacja

Dostawca

Cena

Klasa naukowa

Rośliny	○	Owoce
Ziele	○	Kwiatek
Krzew	○	Drzewo
Roczne	○	Dwuletni
Bylina	○	Sadzonka

Data

Kiełkujące

Zasadzone

Zebrane

Poziom światła

Słońce

Częściowe słońce

Odcień

Inne

Rozpoczęte od

Nasiona

Zakład

Ocena

Rozmiar	○○○○○
Kolor	○○○○○
Smak	○○○○○

Nawozy
i urządzenia

Zapotrzebowanie
na wodę

0%
mniej

Instrukcja
pielęgnacji

Instrukcja sadzenia

Uwagi dodatkowe

Dziennik ogrodniczy

Nazwa	Lokalizacja

Dostawca	Cena

Klasa naukowa

Rośliny	○	Owoce
Ziele	○	Kwiatek
Krzew	○	Drzewo
Roczne	○	Dwuletni
Bylina	○	Sadzonka

Data

Kiełkujące

Zasadzone

Zebrane

Poziom światła

Słońce

Częściowe słońce

Odcień

Inne

Rozpoczęte od

Nasiona

Zakład

Ocena

Rozmiar	○○○○○
Kolor	○○○○○
Smak	○○○○○

Nawozy
i urządzenia

Zapotrzebowanie
na wodę

0%
mniej

Instrukcja
pielęgnacji

Instrukcja sadzenia

Uwagi dodatkowe

Dziennik ogrodniczy

Nazwa	Lokalizacja
Dostawca	Cena

Klasa naukowa

Rośliny	○	Owoce
Ziele	○	Kwiatek
Krzew	○	Drzewo
Roczne	○	Dwuletni
Bylina	○	Sadzonka

Data

Kiełkujące

Zasadzone

Zebrane

Poziom światła

Słońce

Częściowe słońce

Odcień

Inne

Rozpoczęte od

Nasiona

Zakład

Ocena

Rozmiar	○○○○○
Kolor	○○○○○
Smak	○○○○○

Nawozy
i urządzenia

Zapotrzebowanie
na wodę

0%
mniej

Instrukcja
pielęgnacji

Instrukcja sadzenia

Uwagi dodatkowe

Dziennik ogrodniczy

Nazwa	Lokalizacja

Dostawca	Cena

Klasa naukowa

Rośliny	○	Owoce
Ziele	○	Kwiatek
Krzew	○	Drzewo
Roczne	○	Dwuletni
Bylina	○	Sadzonka

Data

Kiełkujące

Zasadzone

Zebrane

Poziom światła

Słońce

Częściowe słońce

Odcień

Inne

Rozpoczęte od

Nasiona

Zakład

Ocena

Rozmiar	○○○○○
Kolor	○○○○○
Smak	○○○○○

Nawozy i urządzenia

Zapotrzebowanie na wodę

0%
mniej

Instrukcja pielęgnacji

Instrukcja sadzenia

Uwagi dodatkowe

Dziennik ogrodniczy

| Nazwa | Lokalizacja |
| Dostawca | Cena |

Klasa naukowa

Rośliny	○	Owoce
Ziele	○	Kwiatek
Krzew	○	Drzewo
Roczne	○	Dwuletni
Bylina	○	Sadzonka

Data

Kiełkujące

Zasadzone

Zebrane

Poziom światła

Słońce

Częściowe słońce

Odcień

Inne

Rozpoczęte od

Nasiona

Zakład

Ocena

Rozmiar	○○○○○
Kolor	○○○○○
Smak	○○○○○

Nawozy i urządzenia

Zapotrzebowanie na wodę

0%
mniej

Instrukcja pielęgnacji

Instrukcja sadzenia

Uwagi dodatkowe

Dziennik ogrodniczy

Nazwa

Lokalizacja

Dostawca

Cena

Klasa naukowa

Rośliny	○	Owoce
Ziele	○	Kwiatek
Krzew	○	Drzewo
Roczne	○	Dwuletni
Bylina	○	Sadzonka

Data

Kiełkujące

Zasadzone

Zebrane

Poziom światła

Słońce

Częściowe słońce

Odcień

Inne

Rozpoczęte od

Nasiona

Zakład

Ocena

Rozmiar ○○○○○

Kolor ○○○○○

Smak ○○○○○

Nawozy
i urządzenia

Zapotrzebowanie
na wodę

0%
mniej

Instrukcja
pielęgnacji

Instrukcja sadzenia

Uwagi dodatkowe

Dziennik ogrodniczy

Nazwa	Lokalizacja
Dostawca	Cena

Klasa naukowa

Rośliny	○	Owoce
Ziele	○	Kwiatek
Krzew	○	Drzewo
Roczne	○	Dwuletni
Bylina	○	Sadzonka

Data

Kiełkujące

Zasadzone

Zebrane

Poziom światła

Słońce

Częściowe słońce

Odcień

Inne

Rozpoczęte od

Nasiona

Zakład

Ocena

Rozmiar	○○○○○
Kolor	○○○○○
Smak	○○○○○

Nawozy
i urządzenia

Zapotrzebowanie
na wodę

0%
mniej

Instrukcja
pielęgnacji

Instrukcja sadzenia

Uwagi dodatkowe

Dziennik ogrodniczy

Nazwa

Lokalizacja

Dostawca

Cena

Klasa naukowa

Rośliny	◯	Owoce
Ziele	◯	Kwiatek
Krzew	◯	Drzewo
Roczne	◯	Dwuletni
Bylina	◯	Sadzonka

Data

Kiełkujące

Zasadzone

Zebrane

Poziom światła

Słońce

Częściowe słońce

Odcień

Inne

Rozpoczęte od

Nasiona

Zakład

Ocena

Rozmiar ◯◯◯◯◯

Kolor ◯◯◯◯◯

Smak ◯◯◯◯◯

Nawozy
i urządzenia

Zapotrzebowanie
na wodę

0%
mniej

Instrukcja
pielęgnacji

Instrukcja sadzenia

Uwagi dodatkowe

Dziennik ogrodniczy

Nazwa	Lokalizacja
Dostawca	Cena

Klasa naukowa

Rośliny	○	Owoce
Ziele	○	Kwiatek
Krzew	○	Drzewo
Roczne	○	Dwuletni
Bylina	○	Sadzonka

Data

Kiełkujące

Zasadzone

Zebrane

Poziom światła

Słońce

Częściowe słońce

Odcień

Inne

Rozpoczęte od

Nasiona

Zakład

Ocena

Rozmiar	○○○○○
Kolor	○○○○○
Smak	○○○○○

| Nawozy i urządzenia | Zapotrzebowanie na wodę |

0%
mniej

| Instrukcja pielęgnacji | Instrukcja sadzenia |

Uwagi dodatkowe

Dziennik ogrodniczy

Nazwa

Lokalizacja

Dostawca

Cena

Klasa naukowa

Rośliny	◯	Owoce
Ziele	◯	Kwiatek
Krzew	◯	Drzewo
Roczne	◯	Dwuletni
Bylina	◯	Sadzonka

Data

Kiełkujące

Zasadzone

Zebrane

Poziom światła

Słońce

Częściowe słońce

Odcień

Inne

Rozpoczęte od

Nasiona

Zakład

Ocena

Rozmiar ◯◯◯◯◯

Kolor ◯◯◯◯◯

Smak ◯◯◯◯◯

Nawozy
i urządzenia

Zapotrzebowanie
na wodę

0%
mniej

Instrukcja
pielęgnacji

Instrukcja sadzenia

Uwagi dodatkowe

Dziennik ogrodniczy

Nazwa	Lokalizacja

Dostawca	Cena

Klasa naukowa

Rośliny	○	Owoce
Ziele	○	Kwiatek
Krzew	○	Drzewo
Roczne	○	Dwuletni
Bylina	○	Sadzonka

Data

Kiełkujące

Zasadzone

Zebrane

Poziom światła

Słońce

Częściowe słońce

Odcień

Inne

Rozpoczęte od

Nasiona

Zakład

Ocena

Rozmiar	○○○○○
Kolor	○○○○○
Smak	○○○○○

<table>
<tr><td>Nawozy
i urządzenia</td><td>Zapotrzebowanie
na wodę</td></tr>
</table>

0%
mniej

<table>
<tr><td>Instrukcja
pielęgnacji</td><td>Instrukcja sadzenia</td></tr>
</table>

Uwagi dodatkowe

Dziennik ogrodniczy

Nazwa		Lokalizacja
Dostawca		Cena

Klasa naukowa

Rośliny	○	Owoce
Ziele	○	Kwiatek
Krzew	○	Drzewo
Roczne	○	Dwuletni
Bylina	○	Sadzonka

Data

Kiełkujące

Zasadzone

Zebrane

Poziom światła

Słońce

Częściowe słońce

Odcień

Inne

Rozpoczęte od

Nasiona

Zakład

Ocena

Rozmiar	○○○○○
Kolor	○○○○○
Smak	○○○○○

Nawozy
i urządzenia

Zapotrzebowanie
na wodę

0%
mniej

Instrukcja
pielęgnacji

Instrukcja sadzenia

Uwagi dodatkowe

Dziennik ogrodniczy

Nazwa

Lokalizacja

Dostawca

Cena

Klasa naukowa

Rośliny	○	Owoce
Ziele	○	Kwiatek
Krzew	○	Drzewo
Roczne	○	Dwuletni
Bylina	○	Sadzonka

Data

Kiełkujące

Zasadzone

Zebrane

Poziom światła

Słońce

Częściowe słońce

Odcień

Inne

Rozpoczęte od

Nasiona

Zakład

Ocena

Rozmiar ○○○○○

Kolor ○○○○○

Smak ○○○○○

Nawozy i urządzenia

Zapotrzebowanie na wodę

0%
mniej

Instrukcja pielęgnacji

Instrukcja sadzenia

Uwagi dodatkowe

Dziennik ogrodniczy

Nazwa

Lokalizacja

Dostawca

Cena

Klasa naukowa

Rośliny	○	Owoce
Ziele	○	Kwiatek
Krzew	○	Drzewo
Roczne	○	Dwuletni
Bylina	○	Sadzonka

Data

Kiełkujące

Zasadzone

Zebrane

Poziom światła

Słońce

Częściowe słońce

Odcień

Inne

Rozpoczęte od

Nasiona

Zakład

Ocena

Rozmiar	○○○○○
Kolor	○○○○○
Smak	○○○○○

Nawozy i urządzenia

Zapotrzebowanie na wodę

0%
mniej

Instrukcja pielęgnacji

Instrukcja sadzenia

Uwagi dodatkowe

Dziennik ogrodniczy

Nazwa		Lokalizacja	

Dostawca		Cena	

Klasa naukowa

Rośliny	○	Owoce
Ziele	○	Kwiatek
Krzew	○	Drzewo
Roczne	○	Dwuletni
Bylina	○	Sadzonka

Data

Kiełkujące

Zasadzone

Zebrane

Poziom światła

Słońce

Częściowe słońce

Odcień

Inne

Rozpoczęte od

Nasiona

Zakład

Ocena

Rozmiar	○○○○○
Kolor	○○○○○
Smak	○○○○○

Nawozy
i urządzenia

Zapotrzebowanie
na wodę

0%
mniej

Instrukcja
pielęgnacji

Instrukcja sadzenia

Uwagi dodatkowe

Dziennik ogrodniczy

Nazwa

Lokalizacja

Dostawca

Cena

Klasa naukowa

Rośliny	○	Owoce
Ziele	○	Kwiatek
Krzew	○	Drzewo
Roczne	○	Dwuletni
Bylina	○	Sadzonka

Data

Kiełkujące

Zasadzone

Zebrane

Poziom światła

Słońce

Częściowe słońce

Odcień

Inne

Rozpoczęte od

Nasiona

Zakład

Ocena

Rozmiar	○○○○○
Kolor	○○○○○
Smak	○○○○○

Nawozy i urządzenia	Zapotrzebowanie na wodę

0%
mniej

Instrukcja pielęgnacji	Instrukcja sadzenia

Uwagi dodatkowe

Dziennik ogrodniczy

Nazwa	Lokalizacja
Dostawca	Cena

Klasa naukowa

Rośliny	◯	Owoce
Ziele	◯	Kwiatek
Krzew	◯	Drzewo
Roczne	◯	Dwuletni
Bylina	◯	Sadzonka

Data

Kiełkujące

Zasadzone

Zebrane

Poziom światła

Słońce

Częściowe słońce

Odcień

Inne

Rozpoczęte od

Nasiona

Zakład

Ocena

Rozmiar ◯◯◯◯◯

Kolor ◯◯◯◯◯

Smak ◯◯◯◯◯

Nawozy
i urządzenia

Zapotrzebowanie
na wodę

0%
mniej

Instrukcja
pielęgnacji

Instrukcja sadzenia

Uwagi dodatkowe

Dziennik ogrodniczy

Nazwa		Lokalizacja
Dostawca		Cena

Klasa naukowa

Rośliny	○	Owoce
Ziele	○	Kwiatek
Krzew	○	Drzewo
Roczne	○	Dwuletni
Bylina	○	Sadzonka

Data

Kiełkujące

Zasadzone

Zebrane

Poziom światła

Słońce

Częściowe słońce

Odcień

Inne

Rozpoczęte od

Nasiona

Zakład

Ocena

Rozmiar	○○○○○
Kolor	○○○○○
Smak	○○○○○

Nawozy i urządzenia

Zapotrzebowanie na wodę

0%
mniej

Instrukcja pielęgnacji

Instrukcja sadzenia

Uwagi dodatkowe

Dziennik ogrodniczy

Nazwa

Lokalizacja

Dostawca

Cena

Klasa naukowa

Rośliny	○	Owoce
Ziele	○	Kwiatek
Krzew	○	Drzewo
Roczne	○	Dwuletni
Bylina	○	Sadzonka

Data

Kiełkujące

Zasadzone

Zebrane

Poziom światła

Słońce

Częściowe słońce

Odcień

Inne

Rozpoczęte od

Nasiona

Zakład

Ocena

Rozmiar	○○○○○
Kolor	○○○○○
Smak	○○○○○

Nawozy
i urządzenia

Zapotrzebowanie
na wodę

0%
mniej

Instrukcja
pielęgnacji

Instrukcja sadzenia

Uwagi dodatkowe

Dziennik ogrodniczy

Nazwa		Lokalizacja	
Dostawca		Cena	

Klasa naukowa

Rośliny	○	Owoce
Ziele	○	Kwiatek
Krzew	○	Drzewo
Roczne	○	Dwuletni
Bylina	○	Sadzonka

Data

Kiełkujące

Zasadzone

Zebrane

Poziom światła

Słońce

Częściowe słońce

Odcień

Inne

Rozpoczęte od

Nasiona

Zakład

Ocena

Rozmiar	○○○○○
Kolor	○○○○○
Smak	○○○○○

Nawozy
i urządzenia

Zapotrzebowanie
na wodę

0%
mniej

Instrukcja
pielęgnacji

Instrukcja sadzenia

Uwagi dodatkowe

Dziennik ogrodniczy

Nazwa	Lokalizacja

Dostawca	Cena

Klasa naukowa

Rośliny	○	Owoce
Ziele	○	Kwiatek
Krzew	○	Drzewo
Roczne	○	Dwuletni
Bylina	○	Sadzonka

Data

Kiełkujące

Zasadzone

Zebrane

Poziom światła

Słońce

Częściowe słońce

Odcień

Inne

Rozpoczęte od

Nasiona

Zakład

Ocena

Rozmiar	○○○○○
Kolor	○○○○○
Smak	○○○○○

**Nawozy
i urządzenia**

**Zapotrzebowanie
na wodę**

0%
mniej

**Instrukcja
pielęgnacji**

Instrukcja sadzenia

Uwagi dodatkowe

Dziennik ogrodniczy

Nazwa	Lokalizacja

Dostawca	Cena

Klasa naukowa

Rośliny	○	Owoce
Ziele	○	Kwiatek
Krzew	○	Drzewo
Roczne	○	Dwuletni
Bylina	○	Sadzonka

Data

Kiełkujące

Zasadzone

Zebrane

Poziom światła

Słońce

Częściowe słońce

Odcień

Inne

Rozpoczęte od

Nasiona

Zakład

Ocena

Rozmiar	○○○○○
Kolor	○○○○○
Smak	○○○○○

**Nawozy
i urządzenia**

**Zapotrzebowanie
na wodę**

0%
mniej

**Instrukcja
pielęgnacji**

Instrukcja sadzenia

Uwagi dodatkowe

Dziennik ogrodniczy

Nazwa	Lokalizacja
Dostawca	Cena

Klasa naukowa

Rośliny	○	Owoce
Ziele	○	Kwiatek
Krzew	○	Drzewo
Roczne	○	Dwuletni
Bylina	○	Sadzonka

Data

Kiełkujące

Zasadzone

Zebrane

Poziom światła

Słońce

Częściowe słońce

Odcień

Inne

Rozpoczęte od

Nasiona

Zakład

Ocena

Rozmiar	○○○○○
Kolor	○○○○○
Smak	○○○○○

Nawozy
i urządzenia

Zapotrzebowanie
na wodę

0%
mniej

Instrukcja
pielęgnacji

Instrukcja sadzenia

Uwagi dodatkowe

Dziennik ogrodniczy

Nazwa

Lokalizacja

Dostawca

Cena

Klasa naukowa

Rośliny	○	Owoce
Ziele	○	Kwiatek
Krzew	○	Drzewo
Roczne	○	Dwuletni
Bylina	○	Sadzonka

Data

Kiełkujące

Zasadzone

Zebrane

Poziom światła

Słońce

Częściowe słońce

Odcień

Inne

Rozpoczęte od

Nasiona

Zakład

Ocena

Rozmiar	○○○○○
Kolor	○○○○○
Smak	○○○○○

Nawozy i urządzenia	Zapotrzebowanie na wodę

0%
mniej

Instrukcja pielęgnacji	Instrukcja sadzenia

Uwagi dodatkowe

Dziennik ogrodniczy

Nazwa

Lokalizacja

Dostawca

Cena

Klasa naukowa

Rośliny	○	Owoce
Ziele	○	Kwiatek
Krzew	○	Drzewo
Roczne	○	Dwuletni
Bylina	○	Sadzonka

Data

Kiełkujące

Zasadzone

Zebrane

Poziom światła

Słońce

Częściowe słońce

Odcień

Inne

Rozpoczęte od

Nasiona

Zakład

Ocena

Rozmiar ○○○○○

Kolor ○○○○○

Smak ○○○○○

Nawozy
i urządzenia

Zapotrzebowanie
na wodę

0%
mniej

Instrukcja
pielęgnacji

Instrukcja sadzenia

Uwagi dodatkowe

Dziennik ogrodniczy

Nazwa

Lokalizacja

Dostawca

Cena

Klasa naukowa

Rośliny	○	Owoce
Ziele	○	Kwiatek
Krzew	○	Drzewo
Roczne	○	Dwuletni
Bylina	○	Sadzonka

Data

Kiełkujące

Zasadzone

Zebrane

Poziom światła

Słońce

Częściowe słońce

Odcień

Inne

Rozpoczęte od

Nasiona

Zakład

Ocena

Rozmiar ○○○○○

Kolor ○○○○○

Smak ○○○○○

Nawozy
i urządzenia

Zapotrzebowanie
na wodę

0%
mniej

Instrukcja
pielęgnacji

Instrukcja sadzenia

Uwagi dodatkowe

Dziennik ogrodniczy

Nazwa		Lokalizacja	

Dostawca		Cena	

Klasa naukowa

Rośliny	○	Owoce
Ziele	○	Kwiatek
Krzew	○	Drzewo
Roczne	○	Dwuletni
Bylina	○	Sadzonka

Data

Kiełkujące

Zasadzone

Zebrane

Poziom światła

Słońce

Częściowe słońce

Odcień

Inne

Rozpoczęte od

Nasiona

Zakład

Ocena

Rozmiar	○○○○○
Kolor	○○○○○
Smak	○○○○○

Nawozy
i urządzenia

Zapotrzebowanie
na wodę

0%
mniej

Instrukcja
pielęgnacji

Instrukcja sadzenia

Uwagi dodatkowe

Dziennik ogrodniczy

Nazwa	Lokalizacja
Dostawca	Cena

Klasa naukowa

Rośliny	○	Owoce
Ziele	○	Kwiatek
Krzew	○	Drzewo
Roczne	○	Dwuletni
Bylina	○	Sadzonka

Data

Kiełkujące

Zasadzone

Zebrane

Poziom światła

Słońce

Częściowe słońce

Odcień

Inne

Rozpoczęte od

Nasiona

Zakład

Ocena

Rozmiar	○○○○○
Kolor	○○○○○
Smak	○○○○○

Nawozy
i urządzenia

Zapotrzebowanie
na wodę

0%
mniej

Instrukcja
pielęgnacji

Instrukcja sadzenia

Uwagi dodatkowe

Dziennik ogrodniczy

Nazwa	Lokalizacja
Dostawca	Cena

Klasa naukowa

Rośliny	○	Owoce
Ziele	○	Kwiatek
Krzew	○	Drzewo
Roczne	○	Dwuletni
Bylina	○	Sadzonka

Data

Kiełkujące

Zasadzone

Zebrane

Poziom światła

Słońce

Częściowe słońce

Odcień

Inne

Rozpoczęte od

Nasiona

Zakład

Ocena

Rozmiar	○○○○○
Kolor	○○○○○
Smak	○○○○○

Nawozy
i urządzenia

Zapotrzebowanie
na wodę

0%
mniej

Instrukcja
pielęgnacji

Instrukcja sadzenia

Uwagi dodatkowe

Dziennik ogrodniczy

<table>
<tr><td>Nazwa</td><td>Lokalizacja</td></tr>
<tr><td>Dostawca</td><td>Cena</td></tr>
</table>

Klasa naukowa

Rośliny	○	Owoce
Ziele	○	Kwiatek
Krzew	○	Drzewo
Roczne	○	Dwuletni
Bylina	○	Sadzonka

Data

Kiełkujące

Zasadzone

Zebrane

Poziom światła

Słońce

Częściowe słońce

Odcień

Inne

Rozpoczęte od

Nasiona

Zakład

Ocena

Rozmiar	○○○○○
Kolor	○○○○○
Smak	○○○○○

Nawozy
i urządzenia

Zapotrzebowanie
na wodę

0%
mniej

Instrukcja
pielęgnacji

Instrukcja sadzenia

Uwagi dodatkowe

Dziennik ogrodniczy

Nazwa		Lokalizacja	

Dostawca		Cena	

Klasa naukowa

Rośliny	○	Owoce
Ziele	○	Kwiatek
Krzew	○	Drzewo
Roczne	○	Dwuletni
Bylina	○	Sadzonka

Data

Kiełkujące

Zasadzone

Zebrane

Poziom światła

Słońce

Częściowe słońce

Odcień

Inne

Rozpoczęte od

Nasiona

Zakład

Ocena

Rozmiar	○○○○○
Kolor	○○○○○
Smak	○○○○○

Nawozy i urządzenia	Zapotrzebowanie na wodę

0%
mniej

Instrukcja pielęgnacji	Instrukcja sadzenia

Uwagi dodatkowe

Dziennik ogrodniczy

Nazwa

Lokalizacja

Dostawca

Cena

Klasa naukowa

Rośliny	○	Owoce
Ziele	○	Kwiatek
Krzew	○	Drzewo
Roczne	○	Dwuletni
Bylina	○	Sadzonka

Data

Kiełkujące

Zasadzone

Zebrane

Poziom światła

Słońce

Częściowe słońce

Odcień

Inne

Rozpoczęte od

Nasiona

Zakład

Ocena

Rozmiar ○○○○○

Kolor ○○○○○

Smak ○○○○○

Nawozy i urządzenia	Zapotrzebowanie na wodę

0%
mniej

Instrukcja pielęgnacji

Instrukcja sadzenia

Uwagi dodatkowe

Dziennik ogrodniczy

Nazwa		Lokalizacja	

Dostawca		Cena	

Klasa naukowa

Rośliny	○	Owoce
Ziele	○	Kwiatek
Krzew	○	Drzewo
Roczne	○	Dwuletni
Bylina	○	Sadzonka

Data

Kiełkujące

Zasadzone

Zebrane

Poziom światła

Słońce

Częściowe słońce

Odcień

Inne

Rozpoczęte od

Nasiona

Zakład

Ocena

Rozmiar	○○○○○
Kolor	○○○○○
Smak	○○○○○

Nawozy i urządzenia

Zapotrzebowanie na wodę

Instrukcja pielęgnacji

Instrukcja sadzenia

Uwagi dodatkowe

Dziennik ogrodniczy

Nazwa

Lokalizacja

Dostawca

Cena

Klasa naukowa

Rośliny	○	Owoce
Ziele	○	Kwiatek
Krzew	○	Drzewo
Roczne	○	Dwuletni
Bylina	○	Sadzonka

Data

Kiełkujące

Zasadzone

Zebrane

Poziom światła

Słońce

Częściowe słońce

Odcień

Inne

Rozpoczęte od

Nasiona

Zakład

Ocena

Rozmiar ○○○○○

Kolor ○○○○○

Smak ○○○○○

Nawozy
i urządzenia

Zapotrzebowanie
na wodę

0%
mniej

Instrukcja
pielęgnacji

Instrukcja sadzenia

Uwagi dodatkowe

Dziennik ogrodniczy

Nazwa

Lokalizacja

Dostawca

Cena

Klasa naukowa

Rośliny	○	Owoce
Ziele	○	Kwiatek
Krzew	○	Drzewo
Roczne	○	Dwuletni
Bylina	○	Sadzonka

Data

Kiełkujące

Zasadzone

Zebrane

Poziom światła

Słońce

Częściowe słońce

Odcień

Inne

Rozpoczęte od

Nasiona

Zakład

Ocena

Rozmiar	○○○○○
Kolor	○○○○○
Smak	○○○○○

Nawozy
i urządzenia

Zapotrzebowanie
na wodę

0%
mniej

Instrukcja
pielęgnacji

Instrukcja sadzenia

Uwagi dodatkowe

Dziennik ogrodniczy

Nazwa

Lokalizacja

Dostawca

Cena

Klasa naukowa

Rośliny	○	Owoce
Ziele	○	Kwiatek
Krzew	○	Drzewo
Roczne	○	Dwuletni
Bylina	○	Sadzonka

Data

Kiełkujące

Zasadzone

Zebrane

Poziom światła

Słońce

Częściowe słońce

Odcień

Inne

Rozpoczęte od

Nasiona

Zakład

Ocena

Rozmiar ○○○○○

Kolor ○○○○○

Smak ○○○○○

Nawozy
i urządzenia

Zapotrzebowanie
na wodę

0%
mniej

Instrukcja
pielęgnacji

Instrukcja sadzenia

Uwagi dodatkowe

Dziennik ogrodniczy

Nazwa

Lokalizacja

Dostawca

Cena

Klasa naukowa

Rośliny	○	Owoce
Ziele	○	Kwiatek
Krzew	○	Drzewo
Roczne	○	Dwuletni
Bylina	○	Sadzonka

Data

Kiełkujące

Zasadzone

Zebrane

Poziom światła

Słońce

Częściowe słońce

Odcień

Inne

Rozpoczęte od

Nasiona

Zakład

Ocena

Rozmiar ○○○○○

Kolor ○○○○○

Smak ○○○○○

Nawozy
i urządzenia

Zapotrzebowanie
na wodę

0%
mniej

Instrukcja
pielęgnacji

Instrukcja sadzenia

Uwagi dodatkowe

Dziennik ogrodniczy

Nazwa		Lokalizacja

Dostawca		Cena

Klasa naukowa

Rośliny	○	Owoce
Ziele	○	Kwiatek
Krzew	○	Drzewo
Roczne	○	Dwuletni
Bylina	○	Sadzonka

Data

Kiełkujące

Zasadzone

Zebrane

Poziom światła

Słońce

Częściowe słońce

Odcień

Inne

Rozpoczęte od

Nasiona

Zakład

Ocena

Rozmiar	○○○○○
Kolor	○○○○○
Smak	○○○○○

Nawozy
i urządzenia

Zapotrzebowanie
na wodę

0%
mniej

Instrukcja
pielęgnacji

Instrukcja sadzenia

Uwagi dodatkowe

Dziennik ogrodniczy

Nazwa		Lokalizacja	
Dostawca		Cena	

Klasa naukowa

Rośliny	○	Owoce
Ziele	○	Kwiatek
Krzew	○	Drzewo
Roczne	○	Dwuletni
Bylina	○	Sadzonka

Data

Kiełkujące

Zasadzone

Zebrane

Poziom światła

Słońce

Częściowe słońce

Odcień

Inne

Rozpoczęte od

Nasiona

Zakład

Ocena

Rozmiar	○○○○○
Kolor	○○○○○
Smak	○○○○○

Nawozy i urządzenia	Zapotrzebowanie na wodę

0%
mniej

Instrukcja pielęgnacji	Instrukcja sadzenia

Uwagi dodatkowe

Dziennik ogrodniczy

Nazwa

Lokalizacja

Dostawca

Cena

Klasa naukowa

Rośliny	○	Owoce
Ziele	○	Kwiatek
Krzew	○	Drzewo
Roczne	○	Dwuletni
Bylina	○	Sadzonka

Data

Kiełkujące

Zasadzone

Zebrane

Poziom światła

Słońce

Częściowe słońce

Odcień

Inne

Rozpoczęte od

Nasiona

Zakład

Ocena

Rozmiar	○○○○○
Kolor	○○○○○
Smak	○○○○○

Nawozy
i urządzenia

Zapotrzebowanie
na wodę

0%
mniej

Instrukcja
pielęgnacji

Instrukcja sadzenia

Uwagi dodatkowe